dificuldades de aprendizagem

Sobre a autora

Nadia A. Bossa é graduada em Pedagogia e Psicologia, com especialização em Psicopedagogia, mestra em Psicologia da Educação pela PUC/SP e doutora em Psicologia e Educação pela USP.

É professora e supervisora no curso de especialização em Psicopedagogia na PUC/SP, supervisora de estágio na cadeira de Psicologia Escolar e Problemas de Aprendizagem no curso de Psicologia, cooordenadora e professora do curso de especialização em Psicopedagogia na Universidade Metodista de São Paulo.

É autora do livro *A psicopedagogia no Brasil: contribuições a partir da prática*, publicado pela Artmed, e autora e organizadora dos livros *Avaliação psicopedagógica da criança de 0 a 6 anos*, *Avaliação psicopedagógica da criança de 0 a 11 anos*, e *Avaliação psicopedagógica do adolescente*.

B745d Bossa, Nadia A.
      Dificuldades de aprendizagem: O que são? Como tratá-las? / Nadia A. Bossa. – Porto Alegre : Artmed, 2000.
      120 p. : il. ; 21 cm.

      ISBN 978-85-7307-757-5

      1. Psicopedagogia – Dificuldades de aprendizagem. I. Título.

      CDU 37.015.3

Catalogação na publicação: Mônica Ballejo Canto – CRB 10/1023

dificuldades de aprendizagem
o que são? como tratá-las?

Nadia A. Bossa

Reimpressão 2013

2000

© Artmed Editora S.A., 2000

Design da capa
Flávio Wild

Assistente de design
Gustavo Demarchi

Ilustrações
Thiago de Moraes Salgado

Preparação do original
Leda Kiperman

Supervisão editorial
Mônica Ballejo Canto

Projeto gráfico
Editoração eletrônica

Reservados todos os direitos de publicação, em língua portuguesa, à
ARTMED® EDITORA S.A.
Av. Jerônimo de Ornelas, 670 - Santana
90040-340 Porto Alegre RS
Fone (51) 3027-7000 Fax (51) 3027-7070

É proibida a duplicação ou reprodução deste volume, no todo ou em parte, sob quaisquer formas ou por quaisquer meios (eletrônico, mecânico, gravação, fotocópia, distribuição na Web e outros), sem permissão expressa da Editora.

SÃO PAULO
Av. Embaixador Macedo Soares, 10.735 - Pavilhão 5 - Cond. Espace Center
Vila Anastácio 05095-035 São Paulo SP
Fone (11) 3665-1100 Fax (11) 3667-1333

SAC 0800 703-3444

IMPRESSO NO BRASIL
PRINTED IN BRAZIL

Sonho

Deixa penetrar a raiz no centro de tua alma, aspira a seiva da fonte infinita de teu inconsciente e conserva teu verdor.

D.W. Winnicott

Agradecimentos

Agradeço eternamente aos meus pais, Neyva e Alvaro Bossa, por me ensinarem a sonhar.

Agradeço as minhas irmãs, Samira, Rosa Maria, Sonia e Regina, amigas verdadeiras, pelo apoio e incentivo constantes.

Agradeço a minha filha Patricia, amiga, confidente, colega, por todos os momentos especiais que vivo como mãe.

Agradeço ao Pedro, meu marido e companheiro, que compartilhou comigo cada passo na elaboração deste livro.

Agradeço a Thiago de Moraes Salgado pelo cuidado e paciência na criação de imagens que traduzissem meus pensamentos.

Introdução

Este livro é fruto de muitos anos de experiência na área da educação e no atendimento à criança e ao adolescente com dificuldades na aprendizagem escolar. Foi escrito com o objetivo de auxiliar na realização do enquadre no atendimento junto a crianças e adolescentes, bem como professores, pais ou responsáveis.

O enquadre se refere às condições em que se dará a intervenção psicopedagógica. As crianças e os adolescentes têm várias perguntas a esse respeito. Normalmente, os pais e os professores não sabem responder a essas perguntas e, às vezes, confundem o trabalho do psicopedagogo clínico com o do professor particular. Muitos, ainda, não sabem o que faz o psicopedagogo que trabalha na escola.

- O que é a psicopedagogia?
- Quem é o psicopedagogo?
- O que ele faz?
- Por que é importante um psicopedagogo trabalhando na escola?
- Por que ir ao consultório do psicopedagogo?
- O que vai acontecer no consultório?
- O que pode e o que não pode ser feito no consultório do psicopedagogo?
- Quanto tempo é preciso ficar lá?
- Até quando é preciso ir ao consultório do psicopedagogo?

Essas são perguntas que alunos, pais e professores fazem e que serão mais facilmente respondidas com este livro que revela aspectos fundamentais do atendimento psicopedagógico na clínica e na escola.

Através das ilustrações, buscamos esclarecer as causas dos problemas de aprendizagem, apresentar e justificar alguns procedimentos técnicos que fazem parte do dia-a-dia do psicopedagogo, enfatizar o caráter terapêutico da relação psicopedagógica, seja na clínica ou na instituição.

Trata-se, portanto, de um instrumento essencialmente útil a todos que lidam com a aprendizagem e com a prática psicopedagógica.

Aos Pais ou Responsáveis

Várias teorias acerca do funcionamento psíquico afirmam que nós nascemos com uma tendência nata para a aprendizagem.

Neste sentido, basta lembrarmos que iniciamos nosso processo de aprendizagem bem cedo. Aprendemos a mamar, falar, andar, pensar e um milhão de outras coisas que vão garantir nossa sobrevivência e nos tornar humanos.

Dizem ainda as teorias que a curiosidade é também uma característica que surge bem cedo na nossa vida. Por volta dos três anos já somos seres curiosos, capazes de construir as primeiras hipóteses a respeito da nossa existência. Logo, a aprendizagem e a construção do conhecimento são processos naturais e espontâneos na nossa espécie e, se não estão ocorrendo, certamente existe uma razão, pois uma lei da natureza está sendo contrariada. É preciso então identificar a causa dessa falha para que a vida possa seguir seu curso normal.

É assim que deve ser a aprendizagem escolar: um processo natural e espontâneo, mais até, um processo prazeroso. Descobrir e aprender deve ser um grande prazer. Se não é, algo está errado.

Costumo dizer que não adianta combater a febre, que é o sintoma, sem identificar e combater a infecção, a causadora do sintoma. É assim com o problema de aprendizagem escolar. É preciso identificar a causa, combatê-la e tratar o sintoma.

Quando se trata de problemas de aprendizagem escolar, de nada adianta medidas como o reforço ou a aula particular apenas. Seria como ministrar o antitérmico sem o antibiótico, ou seja, combater a febre sem tratar a infecção.

A identificação das causas dos problemas de aprendizagem escolar requer uma intervenção especializada. Muito embora o aprender seja um processo natural, resulta de uma complexa atividade mental, na qual estão envolvidos processos de pensamento, percepção, emoções, memória, motricidade, mediação, conhecimentos prévios, etc.

Existe atualmente uma área do conhecimento que se dedica exclusivamente ao estudo do processo de aprendizagem e como os diversos elementos envolvidos nesse processo podem facilitar ou prejudicar o seu desenvolvimento. Essa área é conhecida como Psicopedagogia e busca na Psicologia, na Psicanálise, na Psicolinguística, na Pedagogia, na Neurologia e outras os conhecimentos necessários para a compreensão do processo de aprendizagem.

Os psicopedagogos são, portanto, profissionais preparados para a prevenção, o diagnóstico e o tratamento dos problemas de aprendizagem escolar. Através do diagnóstico clínico ou institucional, identificam as causas da problemática e elaboram o plano de intervenção. Para realizar o diagnóstico clínico, o psicopedagogo utiliza recursos como testes, desenhos, histórias, atividades pedagógicas, jogos, brinquedos, etc. Esses recursos se constituem num importante instrumento de linguagem e revelam dados sobre a nossa vida, que muitas vezes são segredos para nós mesmos. Com base nesses dados é elaborado o plano de intervenção. Na escola, o psicopedagogo institucional vai atuar junto aos professores e outros profissionais para melhoria das condições do processo ensino-aprendizagem, bem como para prevenção dos problemas de aprendizagem. Por isso, é muito importante que a escola tenha um psicopedagogo institucional.

Sabemos que, conscientemente, ninguém sofre por que quer. Sabemos também que o problema de aprendizagem escolar sempre traz sofrimento. Sofrimento este, que muitas vezes é camuflado, através de comportamentos que sugerem desinteresse, desatenção, irresponsabilidade, etc.

A criança ou o adolescente muitas vezes prefere acreditar, e fazer os outros acreditarem, que vai mal na escola porque é desinteressado. Aceitar que não entende a matéria, para esses jovens significa ser "burro". Quando nos sentimos "burros" ferimos o nosso narcisismo. Podemos dizer que o narcisismo é o nosso amor próprio. Um sentimento que nutrimos por nós mesmos e que, na medida certa, é muito importante para a nossa saúde mental.

Quinze anos de experiência na clínica mostrou-nos que nenhuma criança ou adolescente vai mal na escola por vontade própria. Na maioria das vezes, se o aluno, o professor e a família tivessem sido devidamente orientados, a solução do problema seria bem mais simples. No entanto, o que via de regra ocorre é que a problemática se torna uma bola de neve, trazendo consequências muito graves para o futuro do jovem. Portanto, se o seu filho ou o seu aluno está tendo problemas na escola, ajude-o. Procure o profissional adequado para orientá-lo. Certamente, não serão as críticas ou punições que resolverão a questão. Durante muitos e muitos anos, por falta de conhecimento científico, pais, professores, profissionais da educação em geral penalizaram o aluno que não aprendia, responsabilizando-o pelo fracasso e prejudicando-o ainda mais. Hoje não é admissível tratar o problema de aprendizagem como uma simples questão de vontade do aluno ou do professor. O atual estágio da ciência nos mostrou que a questão é bem mais complexa e merece uma intervenção apropriada.

Aos Profissionais e Professores

Não é fácil para o professor a decisão de encaminhar um aluno para atendimento psicopedagógico. Essa decisão requer uma análise cuidadosa da situação e preparo para lidar com a reação dos pais, que na maioria das vezes passam a atacar o professor. Na verdade, esse ataque consiste num tipo especial de defesa. É como se ao apontar a necessidade de auxílio para que se restabeleça o processo ensino-aprendizagem, que se encontra obstaculizado, o professor estivesse responsabilizando os pais e o aluno pela problemática.

Aliás, é comum, na literatura, os professores serem acusados de se isentarem de sua culpa e responsabilizar o aluno ou sua família pelos problemas de aprendizagem.

Nossa longa experiência mostrou que não se pode generalizar essas afirmações. Muitos professores quando encaminham o aluno ao psicopedagogo o fazem com o intuito de melhor auxiliá-lo, e não desistindo dele.

Por outro lado, muitas vezes ouvi professores comentarem que encaminharam o aluno ao psicopedagogo, buscando uma parceria que os ajudasse a encontrar a melhor maneira de ensinar, e que, no entanto, não receberam nenhuma orientação. O profissional ignorou o pedido e a importância do professor.

É essencial que o psicopedagogo tenha em mente essa demanda e estabeleça com o professor uma relação de troca. Ele tem muito a contribuir no diagnóstico psicopedagógico e é personagem fundamental no processo de intervenção. O inverso também é verdadeiro: o professor deve lembrar que o psicopedagogo muito pode ajudar na difícil tarefa de ensinar.

Quero acrescentar que é inconcebível profissionais da educação assumirem uma postura onipotente de autossuficiência. Buscar parceria com outras áreas do conhecimento, ao contrário de indicar isenção, significa maturidade pessoal e profissional. Historicamente esta parceria tem sido muito difícil. A própria ciência tem contribuído para que as várias áreas do conhecimento façam recortes do ser humano, resultando numa visão parcial da realidade. Analisando a história da educação brasileira, podemos verificar que conhecimentos produzidos pela medicina e psicologia serviram para justificar os problemas de aprendizagem escolar, atribuindo-lhes causas orgânicas ou emocionais. Tais conhecimentos deram origem a vários mitos acerca do fracasso escolar, os quais por longos anos cumpriram a função ideológica de ocultar, mesmo dos professores com grande compromisso político e social, as verdadeiras falhas do sistema educacional brasileiro.

É interessante notar, o quão difícil tem sido o diálogo entre as várias áreas do conhecimento em favor das questões da escola. A própria psicopedagogia, que propõe a articulação das diversas teorias acerca do homem, na compreensão do processo de aprendizagem escolar, tem sido bastante combatida. Por muito tempo responsabilizou-se a criança e a família pelos problemas escolares. Hoje culpa-se o professor. Vários teóricos da área da educação, ao defenderem a ideia de desmistificação das causas externas do fracasso escolar, acabam por negar a complexidade do processo de aprendizagem, desmotivando o professor na busca por maiores conhecimentos sobre a criança e as dificuldades escolares.

Sabemos que ao tratar a questão dos problemas de aprendizagem escolar temos que considerar as dificuldades da criança na escola e as dificuldades da escola com as crianças, visto que essas duas dimensões devem ser analisadas reciprocamente. Detendo-nos um pouco nas questões relacionadas à criança, vamos distinguir entre as *possibilidades de aprender* e o *desejo de aprender*.

As possibilidades de aprender referem-se às condições físicas e psíquicas da criança, e, neste sentido, nossa prática nos permite afirmar que um reduzido número de crianças *não* dispõe do equipamento neurofisiológico básico necessário a uma boa aprendizagem. Em relação às condições psíquicas devemos considerar a questão dos recursos cognitivos. Na verdade, os recursos cognitivos são decorrentes da própria evolução e maturação do equipamento neurofisiológico de base. Isso quer dizer: a própria estrutura do sistema nervoso central, o equipamento genérico que a determina, as alterações de sua embriogênese e o processo de maturação individual. Sabemos hoje que algumas aquisições cognitivas só são possíveis em fases genéricas de particular sensibilidade. Passada essa fase privilegiada, a aquisição torna-se impossível ou fica prejudicada.

Existem, portanto, momentos propícios, nos quais o meio deve estimular a aquisição de funções cognitivas que serão pré-requisitos para as aprendizagens escolares. Devemos lembrar, neste ponto, o princípio fundamental da teoria de Piaget, que coloca o desenvolvimento normal da inteligência como uma sucessão estritamente invariável de fases (sensório-motora, pré-operatória, operatória concreta e formal), na qual o acesso à fase seguinte necessita da integração da fase precedente, sendo que qualquer perturbação numa fase acarreta perturbação na seguinte.

Os aspectos citados referem-se, ao que nesta *nota* chamamos *possibilidades de aprender*. No entanto, afirmamos que analisar os problemas de aprendizagem, do ponto de vista da criança, implica considerar ainda o *desejo de aprender*. Trata-se da energia necessária ao bom funcionamento cognitivo. Para uma melhor compreensão vamos fazer uma analogia. Sabemos que um automóvel só pode andar com motor e combustível. O motor, de acordo com nossa analogia seria o equivalente às possibilidades de aprender, ou seja, aos recursos cognitivos. O combustível, o equivalente à energia, ou seja, à afetividade que vai determinar o desejo de aprender.

Segundo Piaget, a afetividade é concebida como intencionalidade, como pulsão de agir e fornece a energia necessária às funções cognitivas. Para o referido autor, a afetividade atribui um valor às atividades e regula a energia. Isso quer dizer que as incontáveis atuações da criança frente ao mundo têm um sentido que as motivam. Em cada momento, a criança interage com a realidade externa construindo conhecimento, porém impulsionada por razões de ordem afetiva. Por exemplo, uma criança pode desejar aprender a ler porque agradaria seus pais. Desta forma, faz um superinvestimento energético nas funções cognitivas envolvidas nesta aprendizagem. Portanto, os aspectos do mundo afetivo definiram a importância do trabalho intelectual.

Por outro lado, uma criança pode não desejar aprender a ler e a escrever, por não querer perder o lugar de bebê na família. Então, fará pouco investimento energético para o trabalho cognitivo necessário à tal aprendizagem. Logo, podemos dizer que tem o motor, mas falta o combustível para pôr o processo em ação.

Sabemos que o sentido das aprendizagens é único e particular na vida de cada um, e que inúmeros são os fatores afetivo-emocionais que podem impedir o investimento energético necessário às aquisições escolares.

Esta breve incursão a respeito de questões ligadas à criança teve por objetivo reafirmar a complexidade do processo de aprendizagem e incentivar o diálogo entre professores, psicopedagogos, psicólogos e outros profissionais.

Por fim, nosso recado ao professor: não desista de procurar respostas e principalmente não subestime a sua importância no processo ensino-aprendizagem do aluno.

Eu sou uma psicopedagoga. Já faz muitos anos que o meu trabalho tem sido ajudar crianças e adolescentes a resolverem seus problemas na vida escolar. Faço isso utilizando conhecimentos de uma área de estudos chamada Psicopedagogia.

Agora vou contar o que é Psicopedagogia.

Muitas crianças, em certos momentos das suas vidas, sofrem muito na escola. Algumas já sofrem no primeiro dia de aula.

Outras iniciam bem a vida escolar, mas depois de algum tempo passam a ter problemas. Começam a tirar notas baixas.

Não são compreendidas pelo professor,

Dificuldades de Aprendizagem

ou não compreendem a matéria, e se dispersam até com um mosquito.

Em função desses problemas na escola, muitas coisas ruins podem acontecer na vida da criança e prejudicar todo o seu futuro.

A escola passa a ser vista pela criança como a causadora da sua infelicidade e a de seus pais e por isso ela começa a detestá-la. Muitas vezes, após anos de sofrimento, acaba abandonando os estudos, sem saber que foi levada a abrir mão de uma parte da sua felicidade: o prazer de conhecer coisas maravilhosas que a natureza reservou para o ser humano.

Dificuldades de Aprendizagem

Vários fatores podem atrapalhar a vida escolar de uma criança.

Ela pode não estar acostumada com outras pessoas que não sejam as da sua família, ou com outro lugar que não seja sua casa. A escola lhe parece então um lugar enorme, frio e perigoso.

Ela pode adaptar-se facilmente a lugares novos, mas não consegue atender às solicitações que as pessoas lhe fazem porque está habituada a fazer só o que tem vontade. E aí a escola lhe parece um lugar muito chato onde querem que faça coisas que não está interessada em fazer.

Algumas vezes, se adapta bem à escola e aos novos colegas, mas de repente começam a lhe falar coisas que não entende e, pior ainda, começam a lhe pedir que faça coisas que não sabe fazer.

Outras, a criança vai para a escola toda feliz, imaginando que lá é um lugar muito legal,

e encontra uma professora que lhe parece uma bruxa malvada.

Ou ainda seus pais se preocupam tanto com as lições e as notas, e fazem tantas recomendações e ameaças, que quando está chegando a hora de fazer a prova

dá a maior "dor de barriga", ou então

na hora da prova "dá um branco" e a criança não lembra mais nada do que estudou.

Uma criança pode ter dificuldades para manter seu pensamento concentrado, não prestando atenção no que a professora está falando. Enquanto a professora fala ela pensa em um milhão de coisas, menos na matéria que está sendo explicada.

Pode ainda ter dificuldades para fazer sua mão obedecer na hora de escrever. Demora um tempão para fazer a lição e mesmo assim a letra fica feia.

Dificuldades de Aprendizagem 53

Às vezes, para entender uma matéria, a criança precisa aprender coisas que ainda não lhe ensinaram, e só depois de aprender essas coisas é que consegue entender o que a professora diz.

Existem, ainda muitas outras coisas que podem atrapalhar uma criança na escola. Vamos pensar sobre algumas delas:

○ Uma criança pode achar que ir para a escola não é importante, porque seus pais não conseguem lhe mostrar essa importância.

○ Uma criança pode pensar que assim como seus pais não precisaram estudar para se dar bem na vida ela também não precisará.

○ Uma criança pode não aprender porque não sabe lidar com as leis e as regras da vida.

○ Uma criança pode não aprender porque seus pais, na tentativa de acertar, erraram por não estabelecer regras e limites. Desta forma, não possibilitaram que a criança aprendesse a ser disciplinada, condição essencial ao trabalho intelectual.

○ Uma criança pode ter raiva da escola por acreditar que ela só vai para lá para deixar sua mãe sozinha com seu irmãozinho(a).

○ Uma criança pode ter um problema de saúde que atrapalha sua aprendizagem escolar.

○ Uma criança pode ir mal na escola por ser muito desorganizada. Esquece de fazer as tarefas, perde o material escolar, se atrasa na hora de ir para a escola e sua vida vira uma bagunça.

○ Uma criança pode ser muito inteligente e aprender muitas coisas, mas seu cérebro falha na hora de realizar aprendizagens específicas, como, por exemplo, leitura e escrita.

- Uma criança pode não aprender porque está numa escola onde a forma de ensinar, não está de acordo com sua forma de aprender.
- Uma criança pode não compreender a importância do que está sendo ensinado na escola, porque o professor não lhe mostra como utilizar aquele conhecimento na vida.
- Uma criança pode não aprender porque o seu professor não sabe ensinar.
- Uma criança pode não aprender porque o seu professor não gosta da sua profissão, e por isso pode não ser um bom profissional.

○ Uma criança pode não aprender porque o seu professor, confuso que está com os modismos na educação, esquece qual é o seu papel e, principalmente, como desempenhá-lo.

○ Uma criança pode não aprender porque seu professor, por não ter compreendido a sua própria infância e adolescência, não pode compreender e reconhecer as necessidades do seu aluno.

○ Uma criança pode não aprender porque precisa de uma ajuda especial e seu professor e sua família não sabem disso.

Só para você ter uma ideia, eu poderia ficar o dia inteiro escrevendo sobre as "coisas" que podem atrapalhar uma criança na escola. Mesmo assim não terminaria. Por isso, pode ser que o que atrapalha a criança na escola nem esteja escrito aqui. Mas, se ela está com dificuldades para aprender, certamente tem um bom motivo para isso. O que o psicopedagogo pode fazer é descobrir esse motivo e ajudar você e a escola a encontrarem formas de solucionar esse problema. Pode, ainda, evitar que essas "coisas" cheguem a atrapalhar a aprendizagem escolar.

Dificuldades de Aprendizagem

Algumas vezes, este psicopedagogo vai estar na escola, e vai ajudar a criança e seu professor a encontrar a melhor maneira de tornar sua vida escolar muito mais gostosa.

Outras vezes, ele estará fora da escola. Num lugar preparado especialmente para receber crianças e adolescentes que estejam com problemas para aprender e que precisam de uma ajuda individualizada para resolver esses problemas.

Costuma-se chamar de *psicopedagogo institucional* aquele que trabalha dentro da escola e de *psicopedagogo clínico* aquele que trabalha nesse outro lugar. Bom, o importante não é o nome e, sim, o que cada um pode fazer para que a escola seja muito especial na sua vida. Afinal, a psicopedagogia nasceu justamente porque existem alguns problemas escolares que, para serem evitados ou solucionados, requerem um "olhar" especial. Para explicar isto, nada melhor que uma imagem.

Não se assuste! Este monte de flechas é só para indicar a complexidade dessas relação e a sutileza desse "olhar".

É complicado mesmo. Talvez por isso demoramos tanto tempo para descobrir que para o time da escola chegar à vitória é preciso mais *um* na equipe técnica. O fato é que quanto mais a humanidade avança, mais recursos precisamos para viver.

O *psicopedagogo institucional* trabalha para que a escola não seja um problema, seja a solução. Solução sim! Pois, como já foi dito, para viver nos tempos modernos necessitamos muitos conhecimentos. Houve um tempo em que bastava saber caçar e pescar. Imagine alguém querendo viver assim hoje. Não dá. Não tem retorno.

Por isso, temos que caminhar sempre para frente. Não ter medo de crescer. Em todos os sentidos que se possa imaginar.

Então, como pode o *psicopedagogo institucional* contribuir para que a escola acompanhe o desenvolvimento da humanidade e se constitua num verdadeiro espaço de construção de conhecimento?

O psicopedagogo pode auxiliar para que todos que participam da escola entendam como e por que transformá-la em um lugar de construção de conhecimento.

Dificuldades de Aprendizagem

O psicopedagogo institucional pode colaborar na elaboração do projeto pedagógico, ou seja, através dos seus conhecimentos ajudar a escola a responder questões fundamentais, como, por exemplo:

O que ensinar?
Como ensinar?
Para que ensinar?

Pode realizar o diagnóstico institucional para detectar problemas pedagógicos que estejam prejudicando a qualidade do processo ensino-aprendizagem.

Pode ajudar o professor a perceber quando a sua maneira de ensinar não é apropriada à forma do aluno aprender.

Pode orientar professores no acompanhamento do aluno com dificuldades de aprendizagem.

Pode, ainda, realizar encaminhamentos com base nas avaliações psicopedagógicas.

Para que se possa compreender melhor o que é isso, vou dar um exemplo. É possível que uma criança apresente dificuldades na alfabetização porque ao pronunciar as palavras não posiciona a língua corretamente. Então, os sons ficam muito parecidos. Na hora de escrever fica confusa. Não sabe se deve usar *f* ou *v*, *t* ou *d*, *p* ou *b*, e muitas outras letras. Então ela precisa de um fonoaudiólogo.

Outras vezes, uma criança pode apresentar problemas na alfabetização por ser muito imatura. Mantém uma fala infantilizada trocando várias letras quando pronuncia as palavras e, consequentemente, quando escreve. Muito embora essa criança apresente problemas de fala e escrita, ela precisa da ajuda de um psicólogo.

Mas pode ser ainda que a dificuldade seja consequência de uma má alfabetização, e aí quem pode ajudar é o psicopedagogo.

Assim como a febre pode ter várias origens, os problemas de aprendizagem escolar também. Um mesmo problema pode ter várias origens.

Só uma avaliação psicopedagógica pode garantir que os pais recebam da escola a orientação correta e procurem o profissional que vai solucionar o problema.

O psicopedagogo tem muito o que fazer na escola. Sua intervenção tem um caráter preventivo, contemplando a instituição como um todo. Isso significa:

○ orientar os pais;

- auxiliar o professor e demais profissionais nas questões pedagógicas e psicopedagógicas;
- colaborar com a direção para que haja um bom entrosamento entre todos os integrantes da instituição;
- e, principalmente, socorrer o aluno que esteja sofrendo, qualquer que seja a causa.

Certamente cada instituição tem suas necessidades e o psicopedagogo deverá identificá-las para que efetivamente cumpra seu papel.

E quanto ao *psicopedagogo clínico*, como ele pode ajudar?

Conversando com a criança para auxiliá-la na compreensão e elaboração das suas dificuldades.

Brincando, pois brincando se aprende muita coisa sobre as leis da vida, se desenvolve a criatividade e a capacidade simbólica.

Jogando, pois assim a criança aprende a lidar com as regras, desenvolve o raciocínio, a atenção e a concentração, aprende a ganhar e a perder.

Lendo para que a criança possa conhecer e saber muitas coisas sobre a vida.

Olhando as tarefas e auxiliando nas dúvidas e correções, analisando e entendendo os erros para que a criança os compreenda e não volte a repeti-los.

Propondo atividades para desenvolver habilidades e competências requeridas no aprendizado escolar.

Ajudando a encontrar a melhor maneira de estudar, pois a criança irá descobrir o que facilita a sua compreensão e a sua memorização.

Conversando com os pais para que possam compreender e aceitar suas dificuldades, bem como orientando-os sobre a melhor maneira de ajudá-la.

Pedindo ajuda para outros profissionais, se a criança estiver com algum problema que requeira tratamento.

Indo a escola e conversando com o professor(a), para que ele compreenda as causas das dificuldades da criança e possa ajudá-la.

Sugerindo até que troque de escola, se ela não for boa para a criança.

E, principalmente, criando um espaço de aprendizagem, ou seja, proporcionando condições para que a criança possa "saber sobre" o que lhe acontece, mudando assim o sentido dessa história.

Isso pode parecer confuso agora, mas na medida em que for vivido se tornará muito claro. Essa é uma daquelas coisas da vida que só sabemos que existiu quando não mais existe. Porém, o que importa é que traz alívio para nossa dor.

Mas, é preciso que a criança também faça a sua parte.

E você sabe o que precisa fazer para que o psicopedagogo possa ajudá-lo?

Certamente você não sabe, e por isso vou lhe dizer.

A criança precisa:

○ Conversar com o psicopedagogo, falar sobre suas dificuldades na escola, seus problemas, seus medos, dúvidas, enfim tudo o que achar importante e o que não achar importante também.

○ Jogar e brincar com o psicopedagogo, atender aos seus pedidos e realizar as atividades propostas.

○ Perguntar tudo o que quiser saber.

○ Dizer tudo o que pensa, inclusive sobre o psicopedagogo, mesmo que imagine que isso vá magoá-lo.

○ Ser cooperativo com o psicopedagogo.

Você sabe o que é ser cooperativo?

Se não sabe, vamos aprender.

Ser cooperativo é ser colaborador, é ajudar as pessoas quando precisam, é fazer algo para facilitar a tarefa do outro. Por isso, ser cooperativo com o psicopedagogo e ajudá-lo na sua tarefa significa que a criança precisa fazer as atividades solicitadas, para que ele possa compreender suas dificuldades e ajudá-la a vencê-las.

Se a criança não ajudar o psicopedagogo, ele não poderá ajudá-la também.

Precisa ainda não atrasar ou faltar nos encontros marcados com o psicopedagogo, pois só estando ao seu lado é que ele poderá auxiliar nas suas dificuldades.

Muitas vezes, quando um problema nos parece muito difícil sentimos vontade de fugir dele. Por isso, de vez em quando não temos vontade de ir ao consultório do psicopedagogo. Preferimos assistir à televisão ou jogar videogame. Acontece que fugir de um problema não significa que ele se resolveu, ao contrário, nesses casos o problema vai ficando cada vez mais grave e o sofrimento cada vez maior.

E este acaba sendo o resultado:

Mas, se em vez de fugir a criança for corajosa o suficiente para enfrentá-lo, esse bicho terrível se transforma num bichinho inofensivo.

Dificuldades de Aprendizagem **91**

Tem uma coisa muito importante que a criança precisa saber. Como já dissemos, é preciso que ela confie no psicopedagogo e que lhe fale sobre todos os seus problemas na escola. É preciso que saiba que o psicopedagogo guardará os segredos que ela quiser contar-lhe e não revelará a ninguém. Manterá em sigilo. Sigilo, essa é a palavra para esse tipo de segredo que o psicopedagogo deverá guardar para sempre e a criança só contará para alguém se quiser.

A criança pode pensar: "Por que preciso falar para o psicopedagogo sobre todas as minhas dificuldades na escola? Não basta olhar minhas provas e meus cadernos?"

É porque o psicopedagogo precisa conhecê-la muito bem, saber o que pensa e sente, para compreender o que atrapalha seu processo de aprendizagem. Se a criança tem problemas com o professor, se morre de ciúmes de sua irmã ou se vive preocupada com as brigas dos seus pais, tudo isso pode atrapalhar e impedir que se saia bem na escola. Às vezes, ir mal na escola pode ser uma forma de ocupar os pais com os seus problemas, fazendo-os esquecer dos deles. Esta é uma dentre as muitas possibilidades, quando se pensa em problemas de aprendizagem escolar. Cada pessoa tem seu jeito de viver, sentir e lidar com as dificuldades da vida. O psicopedagogo só poderá saber o que os problemas na escola significam para a criança, se ela falar sobre eles.

Ah! Tem mais uma coisa que a criança precisa saber. Muito embora o psicopedagogo mantenha em sigilo tudo o que lhe for contado, ele vai falar com os pais e professores diversas vezes e a criança saberá o que, quando e por quê. Aliás, ele sempre conversará primeiro com a criança, sobre as coisas que pretende dizer nesses encontros. Esses encontros são muitíssimo importantes, pois pais e professores são pessoas fundamentais na sua vida e não podem "ficar de fora" desse momento tão especial.

Quando a criança ganha um psicopedagogo não pode perder pais e professores. Quero dizer com isso que, para que tudo dê certo, os pais e os professores precisam continuar fazendo seus papéis, responsabilizando-se por suas tarefas. A diferença é que agora as coisas passam a ser mais prazerosas para todos, pois caminha-se melhor quando se sabe que é possível chegar.

Como já vimos, muitas coisas podem atrapalhar uma criança na escola:

Problemas no relacionamento professor-aluno.

Dificuldades de Aprendizagem **99**

Problemas familiares.

Problemas com o conteúdo escolar.

Dificuldades de Aprendizagem **103**

E muitos outros que acabam por tornar a escola um lugar aversivo.

Muitas vezes, uma criança não pode falar sobre os seus problemas porque não os conhece. A criança sofre, mas não sabe o que a faz sofrer. Não conhece a causa de alguns comportamentos e sentimentos que a prejudicam. Mas existe um jeito de falar, sem saber que está falando. Quando uma criança brinca, joga, desenha, faz histórias e outras coisas mais, revela sentimentos e pensamentos que desconhece, falando numa outra linguagem: a linguagem do desenho, do brinquedo, do jogo.

E o psicopedagogo pode dialogar com a criança nessa mesma linguagem, porque ele a compreende e também sabe se comunicar através dela.

Dificuldades de Aprendizagem

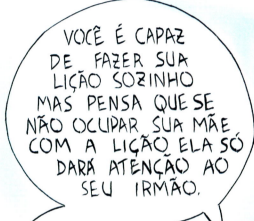

É fantástico, mas esse tipo de linguagem lúdica pode revelar segredos nossos que nós mesmos desconhecemos. Por isso, é utilizado pelos psicopedagogos para que coisas que estejam guardadas bem lá no fundo do nosso inconsciente, não prejudiquem a nossa vida escolar. É que, mesmo guardadas bem lá no fundo, ficam interferindo nos nossos comportamentos.

Dificuldades de Aprendizagem 111

Bem, vimos que muitas coisas podem atrapalhar a nossa vida na escola e que o psicopedagogo pode ajudar a resolver isto. Aliás, ele estudou bastante para compreender tudo o que uma pessoa precisa para ir bem na escola.

Vimos ainda que para que o psicopedagogo possa ajudar nas dificuldades escolares, a criança precisa ser cooperativa e acreditar que ele vai entender tudo o que lhe for revelado, mesmo que seja naquela linguagem especial do desenho, do brinquedo, do jogo...

Nesta etapa, talvez a criança esteja se perguntando:

"Quantas vezes e por quanto tempo virei ao consultório do psicopedagogo?"

Isso vai depender das causas e do tamanho da sua dificuldade escolar.

Teremos concluído nosso trabalho quando a escola deixar de ser um problema para a criança. Quando ir à escola e aprender for tão bom quanto passear e se divertir, ou pelo menos quando estudar for encarado como algo bom e natural, que faz parte da nossa existência no mundo atual, e quando entender que dos estudos depende muita coisa na nossa vida, inclusive a nossa liberdade de pensamento.

É claro que com isso virão as boas notas, mas boas notas são só a consequência de uma descoberta maravilhosa:

O quanto é delicioso saber!

E quando tudo isso acontecer, a criança vai se despedir do psicopedagogo.

Um pouquinho de cada vez.

Essa despedida talvez demore um mês ou dois.

E a criança poderá dizer...